NOTICE

SUR

MADAME DE MIRAMION.

Se trouve aussi à Paris, chez :

VATON, RUE DU BAC, 42.
GOUJON-MILON, RUE DU BAC, 55.

IMPRIMERIE DE H. FOURNIER ET Cᵉ, RUE SAINT-BENOIT 7.

NOTICE

SUR

MADAME DE MIRAMION

Publiée au profit d'un ouvroir.

PARIS

P. DEVARENNE, LIBRAIRE-ÉDITEUR

RUE DU FAUBOURG SAINT-HONORÉ, 14.

1846

MADAME DE MIRAMION.

———

Le chemin des hôpitaux est le
chemin du ciel... [1]

Toutes les personnes préoccupées des intérêts des pauvres et qui ont sérieusement étudié
les misères humaines dans leurs causes et dans
leurs conséquences, savent combien peuvent
être salutaires ou dangereux les effets du bon
ou du mauvais exemple. Cette toute-puissance
de l'exemple, nous la voyons exercer son empire depuis les premiers jeux de la plus heureuse
enfance, jusqu'à cet âge incorrigible où le
législateur et le moraliste peuvent observer,
sous les toits dorés comme aussi dans les plus

[1] Paroles de madame de Miramion adressées à sa fille. Voyez
page 37 de cette Notice.

1.

tristes réduits, la fatale et contagieuse imitation du vice.

Mais, si tous les bons esprits sont d'accord pour redouter, dans les classes ignorantes et pauvres, les leçons d'immoralité que donnent et reçoivent tour à tour l'irréligion et la misère, c'est pourtant dans les classes élevées, parmi les personnes du monde, que leur position expose le plus aux observations de la multitude, qu'il nous semble le plus essentiel de propager la religion du bon exemple.

Il n'est pas nécessaire d'en expliquer les raisons ; ce serait se croire obligé de dire pourquoi la lumière placée plus haut répand une plus visible clarté, et rayonne plus au loin dans l'espace.

C'est donc en quelque sorte une bonne action, de rappeler le souvenir d'une personne dont toute la vie fut dévouée au bien, dont toutes les pensées furent des pensées de charité.

Je veux parler de madame de Miramion, modèle à la fois saint et charmant, que nous trouvons au siècle de Louis XIV.

Née dans les rangs honorables, mais modestes, de la société[1], elle annonça, dès ses plus jeunes années, cette supériorité d'âme qui devait l'illustrer un jour, et l'égaler (même aux yeux des hommes) aux autres grandeurs de cette glorieuse époque.

Marie Bonneau, dame de Miramion, naquit à Paris le 2 novembre 1629. Dès sa première enfance, elle eut le bonheur de trouver dans sa famille l'exemple des vertus qu'elle a depuis égalées et surpassées.

Précoce et angélique enfant, son premier amour fut pour sa mère, qu'elle aima de la plus vive tendresse[2] et dont elle n'oublia jamais les pieuses leçons. Quand elle la perdit, étant encore à peine âgée de neuf ans, à cet âge où les impressions sont d'ordinaire si fugitives, elle en ressentit une douleur si profonde que pendant longtemps rien ne pouvait l'en distraire. On est étonné des réflexions sérieuses qu'elle fit dès lors sur les séparations éternelles, sur la mort, et sur le néant de tout ce qui doit finir.

[1] D'une famille de finance.
[2] *Vie de madame de Miramion*, par l'abbé de Choisy, son parent.

Déjà on aurait pu présager combien son âme serait accessible aux sentiments de la nature et aux impressions de la grâce.

Depuis ce douloureux événement, les idées religieuses prirent sur sa jeune intelligence un très-grand empire. Elle semblait redouter la vie du monde, pressentant sans doute, par cette première affliction si vive, et dont son cœur souffrit si longtemps, tout ce que pourraient avoir de redoutable pour elle les attachements humains.

Douée de grâces singulières, on la voyait dès son enfance s'imposer des mortifications bien au-dessus de son âge, et préférer à tous les plaisirs celui de visiter, de consoler, de soigner les malades [1]. C'est elle qui, dès l'âge de douze ans, fut chargée de veiller elle-même aux soins que demandaient ceux de la famille ou de la maison. Elle y mettait, dès-lors, toute son âme.

« Un jour [2] (c'était le jour des Rois), un pale-« frenier se mourait dans le moment que tout

---

[1] Voyez l'abbé de Choisy.
[2] *Idem.*

« était en joie dans la maison. Elle quitta tout
« pour rester près de lui, le consoler et le voir
« expirer... Son agonie fut effroyable. On la
« cherchait pour commencer le bal. Elle vint
« alors toute éperdue, pâle, tremblante, pleine
« de la mort qui lui était apparue dans toute son
« horreur. Son visage changé fit croire aisément
« qu'elle se trouvait mal, et pendant que les au—
« tres se réjouissaient, elle, toute à ses pensées,
« réfléchissait à la mort. »

Cependant une de ses parentes, chargée par
son père de continuer son éducation, fit quelque
violence à ses désirs pour obtenir d'elle de se
prêter de temps en temps aux distractions convenables à son âge. Elle la conduisit, une année,
dans la saison des eaux, à Forges, où beaucoup
de personnes réunies pour se baigner s'occu-
paient, « pour la plupart, moins de leur santé
« que de leurs plaisirs [1]. » Mais les âmes pieuses
savent se faire partout une solitude. Mademoiselle de Rubelle [2] (c'est ainsi qu'on la nommait alors) sut bien se soustraire aux distrac-

[1] L'abbé de Choisy.
[2] Bonneau de Rubelle, d'une terre de ce nom, près de Melun.

tions trop mondaines qui ne conviennent qu'à l'oisiveté ou bien à l'irréligion.

Ce fut pendant ce séjour à Forges qu'elle perdit son père. Il mourut avant qu'elle fût revenue à Paris, et cette circonstance augmenta sa douleur, qui fut très-vive; elle se soumit cependant, adorant humblement la main de qui, si jeune encore, elle recevait de tels coups [1]; et, comme Dieu lui avait départi le don de l'intelligence aussi bien que la bonne volonté, elle entreprit avec courage, ayant à peine quatorze ans et demi, de se mettre à la tête, non-seulement de la maison, mais encore de la famille, qu'elle a toujours maintenue dans une grande union, prenant soin de l'éducation de ses plus jeunes frères [2], et faisant régner partout autour d'elle le bon ordre, la religion et la paix. « Ja-« mais, dit l'abbé de Choisy, il n'y eut famille « plus unie; car, dès-lors, comme dans toute la « suite de sa vie, elle fut toujours persuadée « que l'amitié et l'union entre parents ne se

[1] Abbé de Choisy.

[2] Madame de Miramion avait quatre frères. Deux moururent avant elle.

« peuvent trop acheter, et qu'en ces occasions
« ceux qui veulent bien prendre sur eux sont
« toujours les plus louables. »

C'est ainsi que madame de Miramion s'exerçait dès ce temps à toutes les vertus qui hono-
rèrent sa vie.

Cependant, restée de bonne heure, par la
mort de son père et de sa mère, maîtresse abso-
lue de sa fortune ; jeune, belle, d'une douceur et
d'une piété angéliques, « et de plus millionnaire, »
un grand nombre de partis convenables se présentèrent pour elle. Pressée de faire un choix et
de renoncer ainsi à la vie modeste et cachée
qu'elle aimait, après bien des hésitations et
des prières, elle donna la préférence à Jean-
Jacques de *Beauharnais, seigneur de Miramion*, dont la fortune égalait la sienne, et qui,
d'ailleurs, était digne d'elle par ses vertus et
sa piété : jamais union ne fut mieux assortie...
Lui aussi, il était jeune et beau, pieux et
charitable ; lui aussi il était animé d'un grand
désir de perfection : elle aimait, elle était
aimée. Six mois, seulement six mois, s'écou-
lèrent dans les douceurs d'une si heureuse

existence [1]! Après un temps si court, madame de Miramion perdit son mari. Restée veuve à seize ans, elle ne voulut jamais se remarier ; fidèle, tant que dura sa vie, à ce rêve de bonheur, si complet, mais qui avait été si court.

Peu de mois après la mort de son mari, madame de Miramion mit au monde une fille, « si « faible que les soins les plus assidus purent à « peine la disputer à la mort. » La pieuse veuve ne s'éloignait du pied des autels que pour veiller sur son enfant, cette enfant si chère, sur qui elle avait reporté tout son amour.

C'est ainsi qu'elle passa dans la retraite la plus austère les premières années de son veuvage, ne se laissant distraire de sa douleur et de ses souvenirs que par les exercices les plus fervents de la religion et de la charité.

Dans une solitude si pieuse, elle les avait sans doute sérieusement méditées, ces vies saintes, où nous trouvons nos plus sûrs ensei-

[1] Voyez la *Vie de madame de Miramion*, par l'abbé de Choisy, et M. le baron de Walckenaer (*Vie de madame de Sévigné*).

gnements... Sans doute, elle l'avait lu, et vivement admiré ce livre [1] qui, vers cette époque, apparut au monde pour la première fois traduit dans notre langue [2]; ce livre, que tout affligé bénit; ce livre que, dans les épreuves de la vie, toute personne pieuse a serré contre son cœur comme une sainte armure; ce livre qui, sans trop étonner notre impuissance, nous offre un Dieu pour modèle!... tant il y a de confiance intrépide et de ferveur dans l'ardent amour de perfection qu'il inspire.

Mais ce n'est pas dans ces hauteurs sublimes de vertus inaccessibles au plus grand nombre; ce n'est pas dans les mystiques béatitudes de la vie ascétique et du contemplatif amour; ce n'est pas dans les héroïques ardeurs du martyre, ni dans les trompeuses illusions d'un esprit oisif et rêveur; c'est dans l'amour du bien, appliqué au soulagement de ses semblables, c'est enfin dans la *charité*, sous toutes les formes, que madame de Miramion a cherché, a trouvé les véritables grandeurs de la vie chrétienne.

[1] *L'Imitation de Jésus-Christ.*

[2] En l'année 1621. Traduction du chancelier Marillac.

Vainement alors de nouveaux prétendants se présentèrent encore, espérant trouver la jeune veuve plus accessible que ne l'avait été la jeune fille aux séductions de la vie du monde et de ses vanités. Inébranlable en ses résolutions, elle n'encouragea par nulle espérance les sentiments passionnés qu'elle inspirait involontairement; et (si l'on en peut croire sur ce point l'historien de sa vie) ayant eu vers ce temps la petite vérole, elle s'affligea que cette maladie ne lui eût pas enlevé les attraits dont sa piété lui faisait détester le pouvoir. Toute à à Dieu au fond de son cœur, nulle séduction ne pouvait plus l'atteindre, et ce fut en vain que, pour la décider à accepter un brillant mariage, l'un des hommes les plus spirituels et les plus séduisants de la cour de Louis XIV [1] crut pouvoir employer la coupable et folle tentative d'un enlèvement à main armée.

Madame de Miramion vivait alors fort retirée, à Issy, près Paris, dans la famille du mari qu'elle avait perdu. Elle se rendait un matin au

[1] M. de Bussy de Rabutin.

mont Valérien pour y faire ses dévotions, ayant
auprès d'elle, dans son carrosse, sa belle-mère,
et de plus, selon l'usage de ce temps, « qui ne
« permettait pas aux jeunes femmes riches et
« d'un rang distingué [1], de se montrer seules en
« public, elle était accompagnée d'*un écuyer* et
« *de deux demoiselles*, » c'est-à-dire de deux
femmes attachées à son service... Toute occu-
pée du pieux devoir qu'elle allait accomplir,
elle était sans doute bien éloignée de craindre
aucune embûche ; et c'est dans de telles circonstances, si propres à inspirer le respect, qu'elle
se vit tout à coup entourée d'une nombreuse
escorte et privée violemment de sa liberté [2].
Mais si Dieu permit un instant qu'une si belle
vie reçût un tel outrage, madame de Miramion
triompha bientôt de ses ravisseurs, par la fer-
meté de son langage, et par la dignité simple et
naturelle qui appartient à la veritable vertu.

Les détails de cet étrange événement ont une
couleur trop romanesque pour trouver place

[1] L'abbé de Choisy. — Baron de Walckenaer.
[2] Voyez l'abbé de Choisy.

dans cette Notice ; et pourtant à quelle sérieuse étude de mœurs, à quelles réflexions sévères pourrait donner lieu une telle violence, dans un siècle si éclairé et si peu éloigné du nôtre !...

Mais ces réflexions elles-mêmes seraient étrangères au but de cette Notice, et nous jetteraient d'ailleurs hors du cercle d'idées dans lequel nous voulons nous renfermer. Revenons donc à madame de Miramion, pour considérer simplement sa vie au point de vue de la charité.

Si nous n'avions à la peindre elle-même que sous ce point de vue unique, notre tâche ne serait pas difficile à remplir ; il nous suffirait de peindre au hasard l'une de ces humbles filles dont elle pût égaler sans le pouvoir surpasser jamais, le dévouement sublime.

Mais, pour peindre madame de Miramion, il faut d'autres couleurs !... car, s'il y eut en elle des traits de l'humble servante des pauvres, il y eut aussi des traits de la femme forte, et des sainte Paule et des sainte Thérèse..... Il faut peindre tour à tour, pour compléter son image,

l'enfant extraordinaire et d'une raison préma-
turée [1] ; la jeune fille, la jeune femme adorée,
heureuse un seul instant de tout le bonheur que
peut donner la terre; apparaissant parfois au
monde pour y subir passagèrement l'épreuve de
ses séductions et de ses plaisirs ; se prenant
pour un temps peut-être à quelques-unes de
ses faiblesses ou de ses vanités ; mais s'en re-
levant soudain, comme par le seul instinct de
sa noble nature. Il faut la montrer au chevet
du lit des pauvres et des malades, passant des
hôpitaux, tels qu'ils étaient alors [2], aux plus
brillantes demeures, et jusques aux palais des
rois ; la faire voir à Versailles, où l'attiraient
souvent des intérêts de charité, car, nous dit
Dangeau, *le roi ne lui refusait jamais rien;*
à Saint-Cyr, où madame de Sévigné nous ap-
prend qu'elle la vit assister à une représenta-
tion d'*Esther*... et, toujours bien accueillie, plai-
der près de madame de Maintenon la cause de
quelque pauvre famille [3], ou celle de ma-

---

[1] Voyez sa vie et tous les mémoires du temps.

[2] Voyez les articles de M. Trélat qui ont paru dans les Annales
de la charité.

[3] Voyez la Biographie de Michaud.

2.

dame Guyon, dont le malheur lui semblait une injustice [1]. Puis de là, passant à d'autres souffrances, consoler madame de Montespan, la décider à quitter la cour, lui apprendre à se résigner et à se repentir; puis s'en revenir à Paris catéchiser quelque pauvre fille abandonnée, ou les petits enfants dans la campagne...

Il faut encore la peindre, pour donner une idée vraie de son caractère, toujours aspirant à la retraite, au recueillement de la solitude, avec toute l'ardeur d'une âme saintement exaltée; et cependant, toujours docile à l'entraînement du bien, mêlée jusqu'à la fin de sa vie à tant de bonnes œuvres et d'affaires de charité de toutes sortes, que si nous voulions les rappeler toutes, nous n'en pourrions donner que le sommaire.

Nous sentant cependant inhabile à retracer de telles vertus et de tels contrastes autrement que par ses œuvres, nous nous bornerons au simple récit de sa vie de charité active, nous

[1] Elle avait eu occasion de connaître madame Guyon aux Filles de Sainte-Marie de la rue Saint-Antoine.

attachant à retracer de préférence, parmi tant de bonnes œuvres, celles qu'elle-même parut aussi préférer, ou dans lesquelles nous croirons surtout retrouver quelques révélations de son âme, quelques traits caractéristiques et saillants qui pourront nous aider à la peindre.

C'est ainsi qu'après avoir observé dès son enfance [1] combien les sentiments de la famille lui furent toujours chers, on aime à retrouver ce trait touchant de caractère dans toute la suite de sa vie; à lui voir nommer la première fondation de charité qu'elle fit à Paris : la congrégation de la *Sainte famille*, pour retrouver cette image si chère de la famille, jusque dans ces engagements même où l'on va d'ordinaire chercher à l'oublier [2], et quand elle eut perdu l'espérance de voir les *enfants de ses enfants*, prendre, comme pour se consoler, le doux nom de mère des pauvres... [3].

Avant d'aller plus loin, il nous faut revenir

---

[1] Voyez page 7 et suivantes.

[2] Nous reviendrons sur cette congrégation, qui, plus tard, sous un autre nom, devint si importante.

[3] Sa fille, madame de Nesmond, n'eut pas d'enfants.

sur un événement de sa jeunesse, qui nous semble, avec celui que nous avons raconté plus haut [1], le point de départ de son existence nouvelle, au moment décisif de sa vocation.

Elle avait eu sans doute alors, et dans cette même année 1648, un autre combat plus difficile à soutenir, contre les conseils de ses amis, contre la raison, et peut-être aussi contre elle-même, quand M. de Caumartin, son parent, se joignant aux autres personnes de la famille, la pressa de consentir à se remarier et à fixer son choix sur lui. Un instant elle avait semblé incertaine ; déjà les dispenses étaient venues de Rome. Les deux familles souhaitaient également cette union. M. de Caumartin était aimable, il lui était fort attaché, elle seule se défendait contre lui, en reconnaissant pourtant son mérite ; et l'on ne peut s'empêcher de se ranger un instant de son parti contre elle, quand, après quarante-cinq années, on le voit enjoindre par son testament à ses enfants de *consulter madame de Miramion en toutes choses*. Touchant

---

[1] Voyez les pages 16 et suivantes.

hommage rendu par un ami si fidèle à celle dont le refus l'avait tant affligé !

« Un jour, dans le temps qu'elle hésitait en-« core, c'était dans l'année 1648 (elle avait « alors dix-neuf ans), un jour que, selon sa « coutume, à genoux devant le Saint-Sacre-« ment, elle demandait à Dieu de l'éclairer, en « lui faisant connaître sa volonté d'une manière « sensible et manifeste, elle entendit ou crut « entendre une voix lui dire : « *Ma fille, c'est* « *ton cœur que je veux, et qu'il soit à moi sans* « *partage...*, et toutes les fois qu'elle se remet-« tait à prier, toujours elle entendait la même « voix et les mêmes paroles. »

Elle en parlait à son confesseur : « *On sent* « *bien*, disait-elle, *quand c'est Dieu qui parle,* « *par l'impression que cela fait au cœur*[1]. » Adorable confiance ! touchante exaltation d'un cœur plein de foi, encore retenu par quel-que faible attache, mais cependant, désor-mais invinciblement attiré vers Dieu ! De ce moment, en effet, madame de Miramion n'hé-

----

[1] Voyez M. l'abbé de Choisy.

sita plus. Ce fut alors, dans cette année 1648, que pour rompre irrévocablement avec le monde et se confirmer dans toutes ses bonnes résolutions, elle fit une retraite de quelques semaines dans la maison des *Sœurs grises*. Cette maison avait été établie peu d'années auparavant (en 1642) près Saint-Lazare, par madame Legras [1], sous l'inspiration et la conduite de saint Vincent de Paul [2] et sous le titre des *Filles de charité, servantes des pauvres*. On les a depuis appelées *Sœurs grises*, parce qu'elles sont habillées modestement d'une serge grise qui convient à leur état. Madame de Miramion aimait cette maison. La vie pauvre et charitable qu'on y menait était conforme à ses inclinations secrètes.

Une grâce particulière l'avait toujours portée au service des pauvres, et, de ce moment, elle crut pouvoir s'y abandonner avec toute l'ardeur de sa belle âme. Voulant se lier d'une manière irrévocable, elle fit vœu de chasteté, d'abord pour un an et ensuite pour toujours.

[1] Madame Legras, demoiselle de Marillac.
[2] M. Vincent, comme on l'appelait alors.

« Pour commencer à réaliser ses vœux de
« charité, elle avait loué une maison auprès de
« Saint-Nicolas-des-Champs. Elle y établit d'a-
« bord un très-petit nombre de petites filles qui
« n'avaient ni père ni mère ; elle les y nourris-
« sait, leur donnait le vêtement et veillait à ce
« qu'elles ne manquassent de rien. Elle y en-
« tretenait des maîtresses pour les élever à la
« piété, et leur apprendre en même temps à
« travailler... Le nombre de ces petites filles
« augmenta bien vite. Elle se dérobait souvent
« de sa maison pour aller manger avec ces en-
« fants et les instruire elle-même. *Hélas !* disait-
« elle, *je suis si bien, et les pauvres sont si
« mal !* [1]

« Elle passait les matins chez les pauvres
« honteux de sa paroisse, pansait les blessés
« et même les teigneux ; et souvent, les après-
« dînées, elle allait à l'Hôtel-Dieu, visiter les
« malades, les consoler, les assister, y prenant
« d'autant plus de plaisir qu'elle y avait plus de
« répugnance ; naturellement délicate, propre

---

[1] Voyez l'abbé de Choisy.

« et attachée à sa personne, elle se faisait un
« mérite, devant Dieu, de rompre sa volonté,
« de mortifier son goût, de faire taire toutes
« ses inclinations naturelles... [1] »

Elle se plaisait à instruire des vérités de notre
religion ceux qui ne les connaissaient pas encore, à évangéliser les malades, à catéchiser les
enfants...

« M. de Festel, son directeur[2], homme sage,
« l'arrêta tout à coup, et l'engagea à faire une
« retraite d'un an pour vaquer à sa propre per-
« fection : *Il faut commencer par vous-même,*
« lui disait-il, *avant que de songer aux autres.*
« *La dissipation, même en bonnes œuvres, est*
« *dangereuse à une jeune personne ; la soli-*
« *tude, pour un temps, vous est nécessaire en-*
« *core. Parlez à Dieu dans le secret de votre*
« *cœur* [3]. »

Elle crut un conseil si sage, le suivit avec
docilité, et demeura une année entière dans la
solitude, ne songeant qu'à prier Dieu, et à rem-

---

[1] Voyez l'abbé de Choisy.
[2] Alors toute personne pieuse avait un directeur spirituel.
[3] Voyez l'abbé de Choisy.

plir, du reste, tous ses devoirs domestiques...

Si nous cherchons à nous rendre compte des motifs de ce conseil, en jetant un regard investigateur sur ces temps de sa vie, nous voyons qu'en effet, au milieu de tant de bonnes œuvres, madame de Miramion n'était pas encore tout à fait morte au monde. « Elle aimait les habits « propres (dit l'abbé de Choisy); elle aimait les « beaux meubles. Elle fit faire un lit et un ameu- « blement de velours isabelle, noir et blanc, et « prit quelque complaisance à le faire tendre « dans sa chambre. Un homme de piété, pour « qui elle avait beaucoup de respect, y étant « entré, la pria de le mener dans sa chambre. « *Je n'en ai pas d'autre*, lui répondit-elle. — *Je* « *ne croyais pas, madame*, lui dit-il froidement, « *que la chambre d'une veuve chrétienne dût être* « *si magnifique*. Le lendemain elle fit mettre un « lit de drap gris, sous prétexte qu'il était plus « à son gré.

« Elle se défit ainsi, peu à peu, de toutes les « recherches qu'elle aimait fort. Les cheveux « faisaient alors une des principales parures « des femmes; elle fit couper les siens sous pré-

« texte de maux de tête. A vingt ans, elle avait
« renoncé aux habits de couleur et aux den-
« telles ; bientôt après elle renonça à la soie, ne
« portant plus que des étoffes de laine grise ou
« noire. »

Si nous pénétrons plus avant encore dans
l'examen de plus délicates nuances, nous la
voyons en outre agitée de troubles intérieurs,
de scrupules surprenants dans un esprit aussi
élevé. Une sorte d'ardeur inquiète mêlait encore quelque chose d'humain à ses entreprises
ou à ses résolutions.

Elle avait, étant plus jeune, désiré se faire
religieuse ; carmélite même. Cette pensée lui
revint encore à cette époque de sa vie, quoiqu'elle fût mère. Son directeur spirituel re-
gardait le retour de cette même idée comme
une tentation. « Sa fille réclamait ses soins [1].
« *Otez-vous de l'esprit d'être religieuse*, lui ré-
« pondait-il toujours ; *Dieu ne veut pas cela de
« vous.* »

Et quand, plus tard, à la fin d'une vie si

---

[1] L'abbé de Choisy.

remplie, qui lui donnait bien le droit d'aspirer au repos, le retour de cette même pensée lui fit encore adresser cette même demande (cette fois à Monseigneur l'archevêque de Paris), elle reçut encore alors la même réponse [1].

En effet, son esprit actif, pénétrant et capable d'affaires, son grand air, sa haute intelligence, le don de persuasion qu'elle avait reçu du ciel, annonçaient assez qu'elle n'était pas faite pour le calme de la vie du cloître. Dieu lui destinait visiblement une autre mission. « Il « semblait qu'elle fût née pour le salut des « autres, et comme pour gagner des âmes à « Dieu. »

Et pourtant, dans tous les souvenirs de sa vie, dans tous les fragments écrits qu'on a conservés d'elle, on retrouve toujours ce besoin de vie cachée, de pieuse retraite, qui était le fond de son âme.

« *Le goût de la retraite ne m'a jamais quitté,* « disait-elle souvent. »

Et, quand elle perdit son directeur et son

---

[1] L'abbé de Choisy, page 172.
[2] Voyez page 55 de cette Notice.

ami, M. de Festelle, dans l'effusion de ses regrets, on l'entendait souvent dire : « *J'avais* « *déjà concerté une manière de communauté* « *pour y vivre à l'imitation de sainte Paule.*

« *S'il ne tenait qu'à me faire sœur de la Cha-* « *rité, pour avoir leurs vertus, je demanderais* « *cette grâce dès aujourd'hui. Je parle sincère-* « *ment; car je ne vois de bien que cela. Sœur de* « *la Charité, sœur converse dans un petit couvent* « *hors de Paris, pour obéir et pratiquer la vertu* « *d'humiliation et d'abaissement, serait, selon* « *le mouvement de mon cœur, le mieux et le* « *plus sûr.*

« *J'ai besoin*, disait-elle, *de recevoir l'esprit* « *de Dieu, comme mon cœur a besoin de l'air* « *qu'il respire.* »

Et l'esprit de Dieu ne se trouve que dans la solitude !

On aime à s'arrêter sur ce touchant contraste entre sa nature et sa destinée; à observer, dans cette âme d'élite, tous ces combats intérieurs dont elle a si bien su triompher...

Cependant, docile aux avis de ses directeurs spirituels, toujours elle se soumettait, disant

simplement : « *Je tâcherai de posséder mon âme*
« *en paix* [1]. »

Mais à dater de cette retraite, à laquelle nous
voyons qu'elle s'était humblement soumise, sa
vie ne fut plus qu'une suite de bonnes œuvres
et de saintes actions.

Pendant cette retraite salutaire, elle voulut
écrire de sa main ses résolutions pour s'en souvenir et pour y être plus fidèle. On y trouve
encore cette pensée qui rentre dans ce que nous
avons dit plus haut : « *Chérir la vie cachée et*
« *n'être connue que de Dieu seul.... faire ses*
« *actions pour lui seul.* »

Mais l'objet constant de ses réflexions, pendant cette année dérobée aux agitations de la
vie commune, fut en outre l'éducation de sa
fille, qui se partageait son cœur avec Dieu. On
voudrait pouvoir redire ici tous les sages con-

---

[1] Ce n'est pas sans doute une retraite oisive et inutile aux autres
qu'eût souhaitée madame de Miramion. Dans un quartier tranquille
et retiré (rue Notre-Dame-des-Champs), nous connaissons une
maison, consacrée par celle qui la possède et qui l'habite, à la
réunion de plusieurs fondations de charité. Il nous semble que
cette maison bénie doit pouvoir donner l'idée de la pieuse retraite,
si digne d'envie, toujours rêvée par madame de Miramion.

3.

seils, toutes les pieuses maximes qu'elle écrivit alors pour elle ; « car elle voulait lui apprendre « de bonne heure tout ce qu'une chrétienne « doit savoir [1]. »

A la fin de l'année, son directeur la remit dans l'exercice des bonnes œuvres, et lui laissa joindre à la vie intérieure la vie de charité active, où nous allons maintenant la suivre.

« Cette femme, que nous avons vue jusqu'ici « jeune et belle, environnée d'hommages dont « toute sa piété pouvait à peine la défendre, » nous la verrons désormais et nous la retrouverons plus tard, non plus « ornée des attraits « de la première jeunesse et des brillantes pa- « rures du siècle, » mais belle encore de cette beauté inaltérable et pure qui semblait tenir à l'élévation habituelle de ses pensées, et à la céleste sérénité de son âme ; revêtue du modeste habit que portaient les pieuses filles dévouées au service des pauvres, « couverte « d'une simple robe de laine grise, la tête en-

---

[1] Cette partie de sa vie intéresserait vivement toutes les mères Nous regrettons d'être obligé de l'omettre. On peut voir dans l'abbé de Choisy, livre I, pages 50 et suivantes.

« veloppée d'une grande coiffe ; une petite croix
« suspendue sur la poitrine. »

Son maintien, son costume, tout en elle était
dans une parfaite harmonie. C'est ainsi que les
portraits qui restent d'elle la représentent [1] ;
c'est ainsi qu'après de longues années la revit,
pour la première fois, Bussy de Rabutin, quand,
dans sa vieillesse, il eut un procès à soutenir,
dans lequel le président de Nesmond, gendre de
madame de Miramion, devait être son juge... Il
crut alors avoir besoin de son appui, qu'il n'osait
cependant demander ; mais elle, l'ayant su, lui
rendit en cette occasion tous les services qui
furent en son pouvoir. Elle était alors trop
avancée dans la perfection pour ne pas avoir
appris à pardonner.

« Tous ceux à qui l'histoire du grand siècle
« est familière reconnaîtront aisément à ces
« traits madame de Miramion ; ils savent que
« cette femme qui, si souvent, avait formé au
« fond de son cœur le vœu fervent de se consa-
« crer à Dieu, préféra cependant ses devoirs de

---

[1] Voyez les portraits de madame de Miramion, peints par Mi-
gnard, gravés par Barbery, ou par de Troye, gravés par Edelinck.

« mère au pieux repos du cloître ; soigna sa fille
« presque toujours malade, consacra les plus
« belles années de sa jeunesse à faire son éduca-
« tion, la produisit dans le monde, la maria, et
« s'efforça d'assurer son bonheur par tous les
« moyens que la tendresse maternelle peut ins-
« pirer [1]. Puis, libre de tous soins maternels,
« s'abandonna enfin à cet immense amour de
« l'humanité, à cette charité ardente, qui sem-
« blait augmenter ses forces et les ressources de
« son esprit en raison des misères qu'elle avait
« à soulager [2]. »

C'est elle enfin qui, pour réaliser la sublime
pensée de saint Vincent de Paul, s'efforça,
comme lui, de faire pénétrer l'esprit de charité

[1] L'abbé de Choisy ou M. le baron de Walckenaer.

[2] Madame de Miramion n'avait pas cherché pour sa fille un mariage dont tout le bonheur fût uniquement fondé sur des calculs de
vanité ou d'intérêts humains. Elle voulait surtout, disait-elle, la
faire entrer dans une *famille de vertu*. Elle choisit pour elle M. de
Nesmond, alors maître des requêtes. Rien ne pouvait être plus con-
venable et plus honorable que cette alliance. Ce fut alors qu'elle
remit à sa fille tous les biens qui lui revenaient de son père. Généreuse avec elle avant de l'être avec les pauvres, elle lui remit aussi,
quand elle eut vingt-cinq ans, le produit de la *garde noble*, depuis
l'époque de son mariage, sacrifice considérable, puisque mademoiselle de Miramion fut mariée avant l'âge de quinze ans.

parmi les personnes du monde, de tous les âges et de tous les rangs... Mission providentielle qui s'accomplissait sur la terre au moment où les révolutions et les vicissitudes humaines allaient enlever au clergé les trésors consacrés qu'il partageait avec les pauvres [1]. Madame de Miramion, sans sortir de l'humilité qui convient à la femme chrétienne, attacha glorieusement son nom à cette nouvelle ère de charité, qu'on pourrait appeler : *l'ère de la charité sécularisée.*

Cette petite communauté, que nous avons vue commencer si humblement, comme le premier essai de madame de Miramion en ce genre, et sous le nom de la *Sainte famille*, par la suite changea de nom pour prendre, ou plutôt pour accepter du public, le nom de son illustre fondatrice. Établie, comme nous l'avons vu plus haut, en l'année 1661, elle ne tarda pas à être

---

[1] Il y aurait, selon nous, une bien belle étude de philosophie chrétienne à faire pour les annales de la charité, sur saint Louis et sur saint Vincent de Paul ; ces deux grands hommes comparés l'un à l'autre, placés chacun selon son temps et selon les vues de la Providence, l'un sur le trône, l'autre sous le simple habit d'un humble religieux,

réunie à la communauté de Sainte-Geneviève,
fondée vingt-cinq ans auparavant, c'est-à-dire
en 1636, par mademoiselle Blosset. Madame de
Miramion fut bientôt élue supérieure de ces
deux congrégations réunies, car partout son
mérite lui donnait le premier rang. Les dames
ou filles de l'ordre furent, dès-lors, connues
sous le nom de *Miramionnes;* leur maison était
située sur le quai Saint-Bernard, qu'on appela
bientôt après le quai *des Miramionnes* [1].

Par suite de diverses circonstances trop longues et inutiles à raconter ici, les dames des
communautés d'Amiens et de La Ferté-sous-
Jouarre furent successivement admises à s'y
adjoindre.

Le but de ces diverses institutions réunies était
à peu de différence près le même... *instruire les
enfants, soigner les pauvres et les malades, secou-
rir toutes les misères.....*

Plus tard, après la mort de mademoiselle de
la Viole, directrice des *Filles de la Providence,*

---

[1] Voyez article Filles de Sainte-Geneviève , communément appelées *Miramionnes*, page 222 du tome viii de l'*Histoire des Ordres
religieux*, par Hélyot.

madame de Miramion fut élue pour la remplacer. Elle hésitait un instant, mais ne refusait néanmoins aucune charge tant que ses forces lui permettaient de s'en acquitter. Cette maison des *Filles de la Providence* avait été fondée, en 1643, par la reine Anne d'Autriche, dans le but de recueillir les filles pauvres dont la vertu n'avait pas été soupçonnée. « *Les sœurs*, dit « l'abbé de Choisy, *se fiant trop au nom qu'elles* « *portent, voudraient recevoir toutes les filles et* « *ne croient jamais pouvoir manquer* [1]. »

Comme son zèle était infatigable, on la fit trésorière des pauvres de la paroisse de Saint-Nicolas-des-Champs; c'était le temps des guerres civiles et la misère était grande dans Paris; sa charité trouvait de quoi s'exercer. Elle faisait distribuer tous les jours plus de deux mille potages et se privait souvent du plaisir sensible de les distribuer elle-même. « *Il me semble*, disait- « elle, *quand je sers les pauvres que je n'y ai* « *pas grand mérite et ne dois avoir nulle récom-* « *pense de ce qui me donne tant de plaisir.* »

[1] Madame de Miramion les a toujours assistées, et madame la présidente de Nesmond, sa fille, en a été directrice après elle.

La misère augmentant, et ses revenus ne pouvant plus suffire, elle vendit son collier de perles (24 mille francs) : « *Dieu m'a bien inspirée*, disait-elle, *je me suis défaite d'une occasion de vanité, et en même temps j'ai trouvé moyen d'assister bien des misérables.*» L'année suivante sa vaisselle d'argent eut le même sort que son collier.

Mais elle s'appliquait encore plus aux besoins de l'âme. Elle faisait faire des missions dans la campagne. Elle y allait elle-même aussi quelquefois instruire les filles dans les villages et y établir des maîtresses d'école; ce qui dans la suite donna l'idée d'entretenir douze filles à cette intention. Sainte vue, qui alors n'a pas été suivie [1].

La répugnance naturelle qu'elle avait pour les mauvaises odeurs et pour la malpropreté lui donnait un attrait particulier pour certains malades, plus dégoûtants que les autres, et qui

---

[1] Dans cette pensée, il y avait un retour sur les premières impressions de son enfance. Elle se ressouvenait toujours d'une maîtresse à lire qui lui avait appris à faire l'oraison, et l'instruisait des choses de Dieu. « *Il m'a fait bien des grâces, disait-elle, par « le moyen de cette fille!* »

font en quelque sorte horreur à la nature... Elle s'était forcée, dès l'âge de dix-neuf ans, à panser tous les jours une petite fille qui était teigneuse, que personne n'osait toucher; et quand cette petite fille fut guérie, ce fut elle qui crut lui avoir une grande obligation. Souvent elle disait à sa fille que, malgré sa tendresse, elle ne ménageait pas sur les obligations communes aux chrétiens. « *Mon enfant, le che-* « *min des hôpitaux est le chemin du ciel.* »

Mais ce qui l'attirait davantage, c'était l'*Hô- -tel-Dieu*, où tout ce qui frappait ses yeux lui servait de mortification; elle y remarqua plusieurs prêtres confondus avec les gens les plus méprisables... La grandeur de leur caractère, qu'elle voyait des yeux de la foi, lui parut exposée par là au mépris du peuple; elle en parla à M. de Lamoignon, qu'on trouvait toujours prêt à accueillir toutes les bonnes pensées. Elle lui proposa de faire une salle particulière pour les prêtres, et commença par y fonder deux lits [1]; elle fit ensuite une quête, et, comme

---

[1] Il y a quelques années, M. et madame de Châteaubriand, allant au delà du pieux désir de madame de Miramion, ont consacré, non

personne ne la refusait, elle eut bientôt de quoi
en fonder douze.

Parmi toutes les œuvres auxquelles madame de Miramion prit part, l'œuvre des *missions* est, sans aucun doute, l'une des plus
importantes : il y avait déjà plus d'un siècle
qu'on prêchait la foi de Jésus-Christ dans les
royaumes les plus reculés de l'Orient, mais il
fallait ranimer cette œuvre de zèle et de foi
apostolique. Le pape choisit alors M. Pallu
pour être le chef d'une nouvelle mission dans
les Indes, et le fit sacrer à cet effet évêque
d'Héliopolis. Madame de Miramion l'aida de
tout son pouvoir dans les préparatifs de cette
sainte et périlleuse entreprise.

Des liens d'amitié et de parenté l'unissaient
à M. Pallu, évêque d'Héliopolis, mais cela
n'était pas nécessaire pour l'intéresser à cette
œuvre, elle y voyait la gloire de Dieu. Et
comme la retraite était indispensable aux vicai-

pas seulement *une chambre*, mais tout un hôtel, entouré d'un
vaste jardin, à la vieillesse des prêtres infirmes. Tout le monde
connaît cette maison si noblement consacrée : l'hospice de *Marie-
Thérèse*.

res apostoliques pour concerter entre eux et, avec leurs missionnaires, les moyens de réussir dans une si grande entreprise, madame de Miramion leur prêta une belle maison qu'elle avait à dix lieues de Paris, la *Coüarde*. Cette maison fut comme le berceau de cette œuvre régénérée; ils n'y manquèrent de rien, et ils passèrent ainsi dix-huit mois, uniquement occupés des choses du ciel. « Ainsi nous voyons accompli en « elle ce que le Saint-Esprit dit de la femme « forte[1] : *Son prix a été appelé de loin, et « son mérite a été connu aux extrémités de la « terre.* »

Mais, en pensant aux idolâtres, elle n'oubliait pas les misères de son pays. La pureté était sa vertu favorite; « et comme les désordres d'une « longue guerre et la minorité du roi avaient « apporté la licence, on voyait le crime et la « débauche triompher publiquement dans les « rues; elle eut la pensée, alors toute nouvelle, « d'établir à ses frais (avec l'assentiment des « magistrats), dans le faubourg Saint-Antoine,

---

[1] L'abbé de Choisy.

« un *Essai de maison de refuge* [1] », pour quelques-unes de ces malheureuses filles, la honte de leur sexe. Elle les mit d'abord sous la conduite de deux femmes prudentes et pieuses, capables de soutenir leur première résistance et de les gagner ensuite par la douceur. Elle y allait elle-même leur parler de Dieu, leur faire horreur du vice, leur promettre la liberté et des établissements honnêtes... Elle les faisait habiller de bonnes étoffes, chaudes et grossières. « La nourriture était bonne, les châti- « ments modérés... » La plupart de ces filles écoutaient la raison ou se contraignaient. Quelques-unes, de bonne foi, demandaient sérieusement à faire pénitence...

Ce petit établissement ne dura que deux ans. Madame de Miramion, voyant qu'il réussissait au delà de ses espérances, proposa à M. de Lamoignon et à quelques autres personnes, portées comme lui à toutes les œuvres de miséricorde, d'essayer de faire en grand, aux dépens du public, ce qu'elle avait commencé pour un

---

[1] Voyez dans l'abbé de Choisy les détails que nous sommes forcés d'abréger beaucoup.

petit nombre et si humblement... Après bien
des difficultés et des traverses, fut bâtie et fondée une maison près de la *Pitié*, qu'on appela
le Refuge; les plus sages furent mises à part
des autres, sous la direction d'une supérieure,
dans une grande maison qui fut nommée « *la*
« *Maison de la Mère de Dieu*. Bientôt toutes
« ces filles furent réunies, mais placées en
« des chambres séparées », dans la maison
connue maintenant sous le nom de Sainte-
Pélagie [1].

Telle fut l'origine des maisons de *refuge* pour
les jeunes filles repentantes que nous voyons
établies à Paris et dans les autres villes de
France [2].

Cette application continuelle qu'elle avait à
servir le prochain, et particulièrement les pauvres, n'empêchait cependant pas madame de

---

[1] Madame de Miramion fit alors pour ces deux maisons réunies
des règlements qui sont restés des modèles en ce genre.

[2] L'une de ces maisons, consacrée particulièrement aux filles
pénitentes, est justement appelée la *Maison du bon Pasteur*.

Depuis quelques années des personnes pieuses ont fondé pour
les jeunes filles abandonnées, ou pour celles visitées dans les pri-
sons, un *patronage* qui est encore un bienfait de plus.

Miramion d'aimer ses amis d'une vive tendresse, et de se dévouer toute à eux quand ils étaient malades ; nulle crainte de contagion ne pouvait l'atteindre : c'est ainsi que, dans une petite vérole effrayante, elle voulut soigner jour et nuit madame de Harlay, qu'elle ne quitta pas, tant qu'elle n'eut pas rendu le dernier soupir...

Nous ne lui en ferons pas un grand mérite, madame de Harlay [1] lui était chère ! Mais les maux publics aussi l'empêchaient de songer aux siens... Elle oubliait toujours qu'elle était délicate et faible, ne songeant qu'à porter des secours partout où cela était nécessaire.

« En 1673, les troupes qui passèrent ou sé-
« journèrent à Melun, y causèrent des maladies
« contagieuses... On fut obligé d'interdire tout
« commerce avec les villes voisines. Il y mou-
« rait plus de cent personnes par jour. La peur
« s'y mit ; les malades demeuraient abandonnés ;
« on ne voulait plus les garder dans les mai-
« sons... Ils expiraient dans les rues, privés de
« sépulture. Les principaux magistrats mêmes

---

[1] Madame la présidente de Harlay, amie de madame de Miramion, était fille de M. de Lamoignon.

« étaient sur le point de déserter la ville, lors-
« que madame de Miramion, qui avait une
« terre, nommée *Rubelle*, assez près de Melun,
« avertie de l'état pitoyable de ce pauvre peu-
« ple, y arriva, pour leur soulagement, ac-
« compagnée de chirugiens et de sœurs grises
« Elle fit assembler d'abord les principaux de
« la ville (sa vertu lui donnait autorité partout).
« On choisit un lieu pour y faire provisoire-
« ment un hôpital ; elle y fit venir quelques
« meubles de *Rubelle*. A son exemple, cha-
« cun fournit selon son pouvoir. On y établit
« des sœurs grises ; on y transporta les mala-
« des. Madame de Miramion les pansa de sa
« propre main et les exhortait au courage et à la
« mort [1]. . . . .

. . . .

« Tout enfin s'anima d'un nouveau zèle, et pen-
« dant deux mois que dura la maladie, ma-
« dame de Miramion, sans songer à ses affaires,
« qu'elle ne croyait pas si pressées, ne quitta
« pas Melun, donnant ordre à tout, persuadée

---

[1] Nous sommes obligés d'omettre des détails, et de supprimer des traits d'une charité vraiment héroïque.

« que Dieu lui avait commis le salut de cette
« ville... Sa charité gagnait les cœurs à Dieu , la
« grâce achevait son ouvrage... »

Quelles paroles oserait-on ajouter à ce simple
récit?

En arrivant à Paris, abattue par la fatigue, elle
apprit que les mêmes maladies et les mêmes
besoins étaient à Senlis. Elle voulait partir encore pour y faire le même bien ; mais en cette
occasion l'obéissance l'emporta sur la charité [1].

Mais quelque ardent que fût son zèle, et quoiqu'elle s'abandonnât à tout le bien qui se présen-
tait à faire , ce n'était cependant qu'après s'être
acquittée de ses obligations les plus essentielles.
Car elle croyait se devoir aux pauvres de sa paroisse avant de songer aux étrangers, et pendant plus de trente-cinq ans qu'elle a demeuré
auprès de Saint-Nicolas-du-Chardonnet, elle
n'a pas manqué de rendre service, non-seule-

[1] Madame de Miramion était habituellement incommodée d'une
maladie qu'on regarda longtemps comme incurable (un cancer au
sein). Elle souffrit sans se plaindre, ne voulant pas recourir aux
moyens ordinaires. Pour ne pas se refuser entièrement, néanmoins, aux conseils des médecins , elle avait fait un voyage à
Bourbon pour y prendre les eaux. Ce voyage de santé avait été pour.
elle une occasion de charité et de bonnes œuvres de toutes sortes

ment aux pauvres familles, mais aux séminaires et à la communauté des prêtres [1].

Mais c'est principalement envers l'église de cette paroisse (de Saint-Nicolas) qu'elle a été généreuse, et pour ainsi dire prodigue [2]. La charité si vive de madame de Miramion donnait aux autres une heureuse émulation pour le bien, et l'on peut dire qu'elle inspirait autour d'elle des miracles dans ce genre.....

Le blé était devenu cher, et l'hôpital général prêt à tomber ; madame de Miramion en parla d'abord à madame la princesse de Conty (mademoiselle Martonizzy). Elle connaissait la généreuse charité de cette princesse et s'attendait bien à recevoir une aumône considérable ; mais cependant sa surprise fut grande quand on lui mit entre les mains un billet de cent mille francs ; elle alla, toute heureuse, porter ce billet à M. de Lamoignon [3], qui l'employa aux

[1] Voyez, pour de plus amples détails, M. l'abbé de Choisy, p. 76 et suivantes.

[2] *Ibid.*

[3] Ce nom se retrouve toujours toutes les fois qu'il y a du bien à faire.

nécessités les plus pressantes, et l'hôpital fut soutenu par ce moyen.

Il eût manqué quelque chose à la vie de madame de Miramion si elle n'eût pas pris soin des *enfants trouvés*. Cette œuvre était selon son cœur, et sans qu'on ait jamais su pour quelles sommes elle y contribua (car elle aimait à cacher, autant qu'elle le pouvait, le bien qu'elle faisait), « *on pouvait aisément deviner qu'elle l'aidait* « *de son esprit et de sa bourse.* » Mais avant qu'elle s'en mêlât, l'établissement avait été fait par saint Vincent de Paul ; et madame Legras, aidée de ses sœurs de Charité, en prenait soin. Ce n'est donc pas à madame de Miramion qu'on doit en attribuer le principal honneur.

On peut dire que jamais elle n'a manqué une occasion de faire le bien :

« En rentrant un jour chez elle, en 1678, elle « entendit, sur le port de la Tournelle, des « filles qui parlaient avec fort peu de modestie... « elle en fit appeler quelques-unes, et, sans les « gronder, leur demanda ce qu'elles faisaient « toute la journée... Elle connut aisément par « leurs réponses que l'inutilité et le manque

« d'éducation les pourraient jeter dans le dés-
« ordre... Elle leur proposa de travailler, d'ap-
« prendre des métiers et de gagner leur vie, et
« (après en avoir parlé à leurs mères) [1], elle fit
« louer une chambre, et ensuite une maison
« voisine... Elle y établit des maîtresses pour
« les instruire. On leur donnait à dîner, et
« quand elles surent un peu travailler, les maî-
« tresses leur payaient leur ouvrage à la fin de
« la semaine. Les filles des pauvres familles de
« la paroisse y étaient reçues, et l'on s'empres-
« sait fort pour y entrer... On les faisait prier
« Dieu matin et soir... Elles chantaient des li-
« tanies et des cantiques spirituels, on leur
« faisait le catéchisme trois fois la semaine, et
« tous les jours une demi-heure de lecture...
« On les estimait dans la paroisse quand *elles*
« *étaient de la chambre de travail;* c'est ainsi
« qu'on nommait la chambre dans laquelle on
« les rassemblait... [2] »

En 1680, à la prière de M. l'évêque d'Au-

[1] Il faut lire, dans M. l'abbé de Choisy, les détails naïfs et char-
mants sous sa plume, de toutes ces fondations à leur origine.

[2] Ces *chambres de travail* répondaient à ce que nous appelons
ouvroirs. Il serait à souhaiter qu'il y en eût dans chaque paroisse .

gers, madame de Miramion fit un voyage à La
Flèche pour remettre « la paix dans une com-
« munauté de filles, pleines d'un zèle indiscret
« et mal réglé. La division était parmi elles et
« leur évêque les avait presque abandonnées[1]. »
Elle fit le voyage dans son carrosse avec
deux sœurs de Sainte-Geneviève. Quand elle
arriva dans la ville toute la population vint au-
devant d'elle à une demi-lieue et l'accompagna
à l'église où l'on chanta le *Te Deum*... Il ne lui
fut pas difficile de rétablir la paix (triomphe
sans doute plus doux à son cœur); elle alla ensuite à Angers rendre compte à l'évêque de ce
qu'elle avait fait, et le prier d'oublier les sujets
de plaintes que lui avaient donnés les sœurs. Le
cœur de ce pieux évêque pardonna aisément...

Alors madame de Miramion ne se portait pas
bien. Elle revint seule, ayant laissé à La Flèche
les deux sœurs de Sainte-Geneviève pour ache-
ver le bien qu'elle y avait commencé... « *cet air*
« *d'abandon lui était agréable.* » Elle fut fort
malade en arrivant à Paris, ce qui ne l'empêcha

---

[1] Voyez l'abbé de Choisy.

pas longtemps de continuer le cours de ses bonnes œuvres.

« Personne n'eut jamais plus de talent et de « bonheur pour les accommodements ; les affai- « res les plus désespérées réussissaient entre ses « mains, et Dieu donnait à toutes sortes de per- « sonnes une si grande confiance en elle, que « chacun lui remettait ses intérêts ; *on ne ré-* « *sistait pas en face de sa charité ;* et comme un « jour un homme de grande qualité ne voulait « pas pardonner à l'un de ses enfants, elle se « jeta à genoux devant lui et désarma ainsi sa « colère et sa vengeance. »

Et ce n'était pas seulement dans les affaires importantes qu'elle employait ce don précieux de conciliation. Les moindres du peuple recevaient ses conseils comme des ordres. « *La paix* « *était dans une maison dès qu'elle y était une* « *fois entrée.* »

Et cependant elle n'y employait d'autre artifice que d'écouter paisiblement les parties inté- ressées, n'interrompant jamais, quoiqu'elle vît d'abord le nœud de la difficulté ; et, *pendant qu'on disait bien des paroles inutiles, elle cher-*

chait avec Dieu le moyen de tout concilier ; son expérience lui ayant appris que la vivacité de la plupart des discussions tient à l'entêtement de chacun de débiter ses raisons, plus encore que de les faire prévaloir.

Tant de bonnes actions ne la rendaient que plus humble.

« *M. le maréchal de Navailles*, écrivait-elle à « M. Joly [1], *m'envoya hier au soir demander une* « *portion, pour mardi dîner dans notre parloir* « *avec moi, parce qu'il veut, dit-il, m'entretenir* « *à son aise de bien des choses, et qu'après nous* « *irons au salut ensemble. Je suis bien honteuse* « *de la grande confiance qu'un général d'armée* « *a pour une si misérable créature.* »

M. Joly, qui craignait pour elle la vaine gloire, lui écrivait (sans doute en réponse) : « *Non-* « *seulement vous accommodez les différends les* « *plus difficiles, mais les personnes mêmes cons-* « *tituées en dignités ecclésiastiques pleurent* « *leurs fautes à votre exhortation... On vous* « *choisit pour les détourner des biens et des plai-* « *sirs que le démon leur propose... avez-vous*

---

[1] M. Joly avait remplacé dans sa confiance M. de Pestel, après la mort de celui-ci.

« *assez d'humilité pour porter tout cela sans*
« *préjudice de votre âme?...* »

Et cependant, à quelque temps de là, ce même
M. Joly lui écrivait encore : « *Je ne crois pas*
« *que vous soyez en état d'aller laver la vaisselle,*
« *ni de servir à table... Conservez votre santé*
« *pour l'exercice de la charité, qui est la reine*
« *des vertus...* »

Madame de Miramion avait trop éprouvé,
dans tous les temps de sa vie, le bon effet des
retraites pour ne pas vouloir y faire participer
le plus grand nombre d'âmes possible. Elle y
donna, en effet, tous ses soins ; elle en parla
d'abord au roi. Ce premier pas fait, les difficultés s'aplanirent aisément. Avec l'aide de
quelques personnes pieuses, elle fonda, pour
les dames, une maison de retraite, et cette maison fut honorée de la présence perpétuelle du
Saint-Sacrement.

Mais elle n'oubliait pas que, selon l'Évangile,
les pauvres tiennent aux yeux de Dieu le premier rang... Des retraites furent aussi établies
pour eux.... Elle voulut en payer à elle seule les
premiers frais... Tous ceux qui se présentaient

étaient admis. On ne refusait personne, et, sur ce qu'on lui dit qu'il y venait aussi des femmes de mauvaise vie : « *Tant mieux*, répondit-elle, « *les retraites sont faites pour ceux qui en ont* « *besoin; peut-étre que Dieu les touchera.* »

En effet, elle vit des conversions si surprenantes que, n'eût-elle tiré de ses peines que ce seul fruit, elle s'en serait tenue bien récompensée...

Mais ce fut en 1694, année où Dieu sembla vouloir affliger la France par la famine et par la maladie, qu'elle redoubla son zèle pour les pauvres. Le blé était hors de prix... Elle en parla non-seulement au roi, mais à madame de Maintenon et aux ministres. Elle fut cause qu'on fit venir une prodigieuse quantité de riz que le roi donnait pour rien, ou qui se vendait à bon marché aux pauvres gens, un peu moins misérables que les autres.

Il y avait près de six mille malades à l'Hôpital Général; elle y était continuellement, et [1], voyant jusqu'à douze personnes dans un même

---

[1] Voyez Félibien (*Histoire de Paris*).

lit, attaquées de différentes maladies, les uns mourant de leurs propres maux, et les autres ne pouvant guérir dans un air infecté, elle proposa d'ouvrir l'hôpital Saint-Louis... Elle fut chargée de faire préparer cette maison ; ce qu'elle fit avec beaucoup de diligence. On y transporta grand nombre de malades, et les autres en furent soulagés...

Dans une si grande misère, elle n'oubliait pas les pauvres honteux de sa paroisse, et faisait faire, de deux jours l'un, chez elle six mille potages, employant utilement les grandes charités que le roi, par ses mains, faisait à son peuple, dans le temps même qu'il entretenait cinq cent mille hommes pour défendre la France contre l'Europe... Et, ce qui est plus admirable encore, elle souffrait avec patience les outrages de quelques pauvres, jaloux ou mécontents contre celle qui depuis quarante années leur sacrifiait son bien, sa santé et sa vie...

Mais, comme il fallait du temps pour distribuer ces potages, on faisait aux pauvres, qui étaient obligés d'attendre, des instructions familières, afin que les âmes remportassent de la nourriture aussi bien que les corps.

Car jamais madame de Miramion n'oubliait ni l'un ni l'autre de ces deux points de vue.

« L'année suivante, au mois de janvier, les « administrateurs de l'Hôpital Général ne se « voyant plus en état de payer cent mille écus, « que l'hôpital avait empruntés pendant la fa- « mine, résolurent de mettre dehors la plus « grande partie des pauvres, et de ne garder « que ceux qui, par leur âge ou par leurs infir- « mités, ne pouvaient rien faire... Madame de « Miramion, en étant avertie, gémit devant « Dieu en pensant à neuf cents filles qui demeu- « reraient sans retraite, abandonnées à elles- « mêmes... » Elle fit si bien par les efforts de son zèle, et par les expédients de sa charité, qu'après avoir renvoyé à leurs parents celles de ces malheureuses filles qui en avaient, on put encore en garder sept cents.

Dans une si grande difficulté, n'osant comp- ter sur son seul crédit auprès du roi, elle le voulut appuyer de celui de madame de Mainte- non. Celle-ci ne fut pas difficile à persuader. Madame de Miramion, contente d'avoir ménagé une si bonne sollicitation, s'en allait sans lui rien demander :

« *D'où vient*, lui dit madame de Maintenon, « *que vous ne me demandez rien ? Ne savez-vous* « *pas que je veux contribuer, pour ma part, à* « *tout ce qui se fait pour le bien ?* »

Paroles, ce nous semble, où l'on peut aussi trouver un trait de caractère, moins touchant sans doute que la plupart de ceux qui nous ont aidé à peindre madame de Miramion, mais qui n'est pas non plus sans grandeur et sans beauté.

Tout le monde à la cour, et même à la ville, à l'imitation de si grands exemples, s'empressa de donner. Madame de Miramion alla elle-même à plusieurs bureaux de gens d'affaires, qui lui donnèrent. Elle eut bien, en cette occasion, quelques dégoûts à essuyer dans quelques visites particulières ; mais elle eût souffert bien davantage encore pour l'amour de celui qui la faisait agir. « *Il faut aimer Dieu*, disait-elle un « jour à la sœur qui l'accompagnait en quêtant, « *pour faire ce métier-ci.* »

Mais plus elle avançait en âge, plus elle croissait en vertus. Elle aurait voulu pouvoir

soulager toutes les misères, et nous dépasse-
rions de beaucoup les bornes de cette notice si
nous voulions redire tout le luxe de sa charité.

Tant de vertus extraordinaires, répandues
sur la vie de madame de Miramion, prove-
naient d'un fond de vie intérieure que Dieu lui
avait donné par sa grâce, et qu'elle avait cul-
tivé par l'exercice d'une oraison très-solide; et,
si nous pouvions raconter le mystère de ses
méditations, de ses mortifications, de ses orai-
sons habituelles, on y reconnaîtrait aisément la
source élevée et pure de tant d'admirables vertus...

Pourrait-il paraître hors de propos de rappeler ici que les personnes dont le nom est le plus
justement béni, pour le bien qu'elles ont fait
sur la terre, ont été en même temps le plus
adonnées à l'oraison? *Sainte Thérèse, saint Vincent de Paul* (pour n'en pas nommer d'autres)
y donnaient de longues heures du jour et de la
nuit, ne craignant pas d'interrompre leur som-
meil pour remplir régulièrement ce pieux devoir. Madame de Miramion fut en cela encore
leur fervente imitatrice.

Elle serait bien peu vive la foi de ceux qui pourraient regarder le recueillement, les aspirations vers Dieu, les longues prières, comme un temps perdu pour la charité!

Cependant, madame de Miramion était arrivée à cet âge de la vie où, chaque année, chaque jour, pour ainsi dire, nous enlève un des êtres qui nous ont été chers. Déjà nous l'avons vue au chevet du lit de son amie assister à sa mort, et recevoir son dernier soupir [1]. Elle eut bientôt le même douloureux devoir à remplir auprès de M. *de Lamoignon*, et de sa seconde fille (mademoiselle *de Lamoignon*); car madame de Miramion était intimement liée avec toute cette famille, dont l'amitié était un honneur [2].

Elle avait toujours trouvé M. de Lamoignon prêt à la seconder dans toutes ses charitables entreprises. Elle était aussi dans le secret des aumônes de cet homme de bien, qui, par une

[1] Madame de Harlay, fille de M. de Lamoignon; voyez p. 45 de cette Notice.
[2] Voyez l'*Oraison funèbre de M. de Lamoignon*, par Fléchier.

pieuse coutume, avait consacré aux pauvres le produit de son travail [1].

Mais c'était surtout à mademoiselle de Lamoignon qu'elle était attachée par des liens d'amitié que l'alliance, et plus encore la charité chrétienne, lui rendaient fort chers. Elles s'étaient vues depuis quarante années dans les mêmes exercices de piété, et, lorsque mademoiselle de Lamoignon eut été recevoir sa récompense dans le ciel, madame de Miramion lui succéda dans ses emplois de charité, et aussi dans la confiance du roi, qui la chargea toujours depuis de la distribution de ses aumônes, disant hautement : « *On peut se fier à elle ; car* « *sa charité est prudente.* »

Déjà, depuis quelque temps, madame de Miramion avait appris que monseigneur l'évêque d'Héliopolis, pour qui elle avait toujours eu tant de respect [2], était mort loin d'elle et de son pays pendant la mission.

Elle avait aussi perdu M. de Caumartin, cet ami de sa jeunesse, qui lui était toujours resté

[1] L'abbé de Choisy, p. 71 et 72.
[2] Voyez p. 59 de cette Notice.

fort attaché ; et successivement, depuis un petit nombre d'années, plusieurs autres personnes de sa famille qui lui étaient chères.

Enfin, en l'année 1693, elle perdit son gendre, M. de Nesmond, dont elle avait toujours été sincèrement l'amie. Elle fut fort touchée de cette mort. L'affliction de sa fille augmentait la sienne. Elles le pleurèrent amèrement ensemble.

Chacune de ces douleurs, qui lui étaient fort sensibles, renouvelait dans son cœur le sentiment des autres... Ainsi, de temps en temps, Dieu voulait lui faire éprouver les afflictions de la nature qu'il lui faisait bientôt oublier par la grâce.

Madame de Miramion jouissait alors d'une considération sans égale. On l'avait vue depuis longtemps toute-puissante pour le bien.

Mais le moment était venu où bientôt devait se dissoudre cette réunion d'hommes de bien, de gens de mérite, qui, dans dans toutes les occasions, groupés autour de saint Vincent de Paul, furent comme les apôtres et les premiers missionnaires de ses inspirations charitables [1] ;

---

[1] On voudrait pouvoir citer ici tous ces noms révérés.

le moment était venu où celle que les pauvres devaient tant pleurer allait aussi quitter la terre.

Le 1er mars 1696, monseigneur l'archevêque de Paris ayant fait publier un jubilé, madame de Miramion fit faire chez elle la retraite des pauvres, et en même temps elle fit la sienne avec plus de ferveur que jamais. Elle donnait en outre tous ses soins à la retraite des dames, qu'elle fut obligée de quitter pour aller à Versailles assister madame de Guise qui se mourait et qui la demandait instamment : « *car*, dit l'abbé « de Choisy, *il semblait qu'il ne fût plus possible* « *de faire le bien sans sa participation ; d'être* « *malheureux sans vouloir être consolé par elle ;* « *de mourir sans son assistance.* » Cette princesse, dont la vie était pleine de bonnes œuvres [1], craignait cependant la mort, et personne n'osait lui dire l'état où elle était. Madame de Miramion lui parla saintement, avec une liberté chrétienne ; lui fit recevoir l'extrême-onction et resta près d'elle jusqu'à ses derniers soupirs.

[1] Voyez M. l'abbé de Choisy, p. 250.

Ce ne fut pas sans doute sans éprouver une grande émotion.

Elle revint à Paris fatiguée; sa santé était déjà affaiblie; il avait fallu veiller et parler beaucoup. Ses propres maux lui paraissaient légers quand il s'agissait de servir les autres... Cependant son heure était venue. On la trouva, le 19e jour de mars, dans son lit presque sans connaissance et sans vie. On court aux médecins; le confesseur de la communauté et le sien arrivent; le sentiment et la parole reviennent... « *Je crains*, dit-elle, *de m'impatienter, tant je* « *souffre.* »

Et c'était là toute sa crainte!...

Mais bientôt cette femme forte, surmontant ses souffrances, recueillit toutes les puissances de son âme pour recevoir avec amour et respect le corps adorable de Notre-Seigneur.

Elle souffrait extrêmement et baisait le crucifix; puis se tournant vers sa fille : « *Je vous le* « *donne, ce cher crucifix; il y a trente ans qu'il est* « *à moi* [1]. » Ses deux frères l'assistaient à ses

---

[1] Nous avons vu que ses deux autres frères étaient morts précédemment.

derniers moments. Sa piété si vive et ses souffrances n'avaient pas éteint la sensibilité de son
cœur. Elle avait des paroles de douceur et de
consolation pour chacun. Toutes les filles de sa
communauté étaient à genoux autour de son
lit et lui demandaient sa bénédiction.

Tandis qu'elle leur parlait de sa voix mou-
rante, une sœur de la communauté de Paris,
qu'elle aimait fort, entra dans sa chambre et lui
dit sans préambule : « *Madame, notre commu-*
« *nauté voudrait bien avoir votre cœur, quand*
« *vous serez morte.* » Les sœurs qui habitaient
sa maison le désiraient aussi. Elle sourit à ce
triste débat, et montrant les sœurs de sa propre maison, répondit d'un air résigné et doux :
« *Mon cœur est à mes filles.* »

Elle demeura ainsi tranquillement deux jours
entre la vie et la mort. Sa fille, ses frères, la
communauté, tout était autour de son lit... On
voyait toucher à sa dernière heure celle dont la
vie était si nécessaire aux autres, et cependant
personne ne pleurait. On se la représentait déjà
pourvue d'une éternité bienheureuse : *sa vie ré-*
pondait de sa mort.

On ne pouvait passer devant sa maison, tant la foule des carrosses et du peuple y était grande : toutes les conditions s'y trouvaient mêlées, car toutes étaient intéressées à sa vie. Depuis cinquante années, elle ne respirait que pour faire le bien.

Elle expira doucement, le 24 mars 1696 [1], sans convulsions... Ses paupières s'abaissèrent d'elles-mêmes, sa bouche demeura fermée, et, au milieu des pâleurs de la mort, il se répandit sur son visage une sérénité céleste. . . . .

. . . .

Dès qu'elle fut morte le peuple voulut la voir, et força les portes. Il fallut la laisser sur son lit pendant deux jours, exposée à l'empressement de la foule.....

Elle avait ordonné, par son testament [2], qu'on l'enterrât comme une simple sœur de sa Communauté... En cela ses intentions furent sui-

---

[1] A l'âge de soixante-cinq ans et cinq mois.

[2] Son testament est un modèle, non-seulement de charité, mais d'humilité et de prévoyance chrétienne. Elle pensait à tout, et n'avait oublié personne. Quelque chose, selon nous, eût manqué à sa perfection si, après tant de legs pieux et charitables, nous n'y avions trouvé ces mots : « *Je fais mes excuses à ma fille si je ne*

vies : il n'y eut dans l'église aucune tenture,
peu de lumière ; la pauvreté et la simplicité
qu'elle avait tant aimées pendant sa vie l'ac-
compagnèrent jusqu'à sa mort... Six pauvres
portèrent son corps à la paroisse et au cime-
tière où l'on enterrait alors les filles de Sainte-
Geneviève.....

Mais tous les ecclésiastiques de Saint-Nicolas-
du-Chardonnet ne manquèrent pas de s'y trouver ; les trente sœurs de sa Communauté suivaient avec des cierges à la main. Venaient
ensuite les quatre-vingts filles de *la Chambre du
travail*, et les trois cents enfants qu'on instruisait chez elle... Enfin la supérieure de l'Hôpital
Général, suivie de ce grand nombre de filles à
qui, deux ans auparavant, elle avait sauvé plus
que la vie..... Leurs larmes marquaient assez
leur reconnaissance..... Sa famille et ses amis
suivaient ; et dans les rues par où le convoi
révéré passa, il se trouva un peuple immense,

*« lui laisse pas grand'chose... Si elle avait eu des enfants,
« j'aurais eu des considérations. »* Madame de Nesmond était
d'ailleurs fort riche des biens de son père. Digne émule d'une telle
mère, elle continua, autant qu'elle le put, ses bonnes œuvres et
ses générosités.

L'ORIGINE DES TOURS.

Les établissements destinés à recevoir les enfants abandonnés remontent à une très haute antiquité ; mais leur forme actuelle est comparativement moderne, et l'esprit dans lequel ils sont maintenant dirigés n'appartient qu'aux inspirations du christianisme.

Dans l'antiquité grecque et romaine, l'État se montrait constamment préoccupé des dangers qui les menaçaient, d'une part, par le développement de la population servile, de l'autre, par les chances de l'extinction rapide que la population libre, ou plutôt *ingénue* (libre de naissance), courait spécialement.

Pour obvier aux suites désastreuses que la diminution graduelle de la race libre, soit patricienne, soit plébéienne, entraînait à sa suite, l'État exerçait une sorte de paternité collective sur les enfants issus des mariages légitimes des *ingénus* ; il s'emparait de leur éducation, et quand ils devenaient orphelins, pourvoyait à leur subsistance dans les *orphanotropes*. Rome alla même plus loin.

Il y avait pour les enfants des esclaves peu de chance d'exposition : car on les envisageait comme un *croît de propriété* ; et les maîtres de leurs parents prenaient soin de les faire élever, sauf quand ils étaient infirmes ou contrefaits, cas auxquels l'usage constant des populations antiques les vouait à la mort.

Mais les parents libres, quand ils étaient pauvres, cédaient volontiers à la tentation d'exposer une partie de leurs enfants. L'État les réunissait pour en faire la pépinière de ses armées et de ses flottes, lorsqu'ils étaient du sexe masculin ; pour en recruter ses *gynœcées* ou manufactures de femmes, lorsqu'ils appartenaient à l'autre sexe. Ces gynœcées préparaient les vêtements des légionnaires, et livraient annuellement des quantités réglées de toiles et de draps.

Trajan, sous qui l'administration parvint à l'apogée de la régularité et de la grandeur, semble s'être occupé spécialement des *orphanotropes*, avoir augmenté leur dotation, et amélioré leurs règlements.

Ceux-ci sont perdus ; l'institution elle-même dépérit dans la ruine des finances romaines après le règne de Constantin. On peut affirmer seulement que, dans la seule Italie, le nombre de maisons de refuge et d'éducation pour les enfants libres était considérable ; que leurs revenus se montaient très haut, et les tables de *Veleia* donnent de curieux détails sur la circonscription territoriale d'un des établissements, fondé entre l'Apennin et le Pô, un peu au sud de Plaisance.

Les premiers hôpitaux ouverts par les chrétiens dans l'empire romain étaient spécialement destinés à recueillir les esclaves âgés, infirmes, ou malades, que, pour se dispenser de les entretenir, leurs maîtres exposaient sur la voie publique. On peut bien penser que les enfants abandonnés attirèrent une part de cette charité chrétienne ; mais le bouleversement de toutes les institutions financières et administratives , commencé en 409 et complété vers 570, par les invasions successives des peuples barbares, renvoya bientôt toutes les misères aux seules ressources que la charité privée pouvait leur offrir.

Il existe une lacune complète relativement aux enfants trouvés, dans les diverses histoires qui traitent des établissements de charité sous saint Louis, et dans tout le moyen âge.

La plus ancienne mention des enfants trouvés est consignée dans l'article XXVIII du testament d'Isabeau de Bavière, qui est de l'an 1431. Cette princesse lègue *huit francs aux pauvres enfants trouvés de Notre-Dame de Paris.*

Aucune lumière sur ce point ne peut nous aider à renouer ces deux époques si éloignées l'une de l'autre.[1]

1. D. Félibien. *Histoire de la ville de Paris.—Preuves,* tome Ier page 554.

qui semblait, en la perdant, avoir perdu leur bien le plus cher...

Ainsi mourut, environnée d'hommages, celle qui avait préféré à toutes les grandeurs l'humble mission de servir les malades et les pauvres; celle qui, dans les temps même les plus prospères de sa toute-puissance pour le bien, avait si souvent répété ces paroles, qui étaient le fond de sa pensée : *Sœur converse, dans un petit couvent hors de Paris*, serait, *selon le mouvement de mon cœur, le mieux et le plus sûr* [1].

Madame de Sévigné, dans une de ses lettres [2], qualifie madame de Miramion de *Mère de l'Eglise*, ajoutant avec raison que *sa* mort fut une *perte publique*... Et M. de Saint-Simon lui-même, toujours si peu favorable aux grandeurs qui ne tirent pas tout leur éclat d'une haute naissance, raconte cependant, comme choses toutes simples, les hommages qui lui furent rendus pendant sa vie, et les regrets universels qui furent donnés à sa mort [3].

[1] A M. de Coullanges.

[2] Voyez *Mémoires de Saint-Simon*, tome 1er, p. 550 et 551.

[3] Voyez p. 28 de cette Notice.

Quand l'un et l'autre parlaient ainsi, le nom de madame de Miramion, honoré par les plus saintes amitiés, béni par tous les pauvres, prononcé avec respect par tous les riches, était devenu célèbre ; mais, au temps de sa jeunesse et de sa beauté, ses vertus étaient ignorées du monde, et surtout du grand monde, qui la connaissait à peine. Loin de rechercher l'éclat, elle aimait à vivre humblement dans sa famille, enveloppée de modestie ; et s'il eût été possible de faire autant de bien qu'elle en a fait, en restant inconnue, il n'eût sans doute jamais été révélé qu'à Dieu seul combien il y avait en son âme de véritable grandeur.

Peut-être, comme pour constater les salutaires effets du bon exemple [1], quelque personne, ambitieuse jusqu'ici d'une vaine célébrité, ou de quelque autre vanité mondaine, séduite au bien par l'attrait d'une vie [2] si utile et si pieuse, voudra-t-elle y méditer elle-même le

---

[1] Voyez la 1re page de cette Notice.
[2] Voyez la *Vie de madame de Miramion,* par l'abbé de Choisy.

noble emploi d'une grande fortune et d'une redoutable indépendance ; l'art de bien faire, à
tous les âges, et d'attirer sur son nom toutes les
bénédictions du pauvre... S'élevant ainsi par la
charité à cette région, où, comme au Thabor,
on peut dire : « L'AME SE TROUVE BIEN ICI, IL
« FAUT Y DRESSER LES TENTES. »

FIN.